LE PASSAGE GAY.

Voyageurs, pélerins, touristes,
Enfants curieux d'Albion,
Philosophe, poète, artistes,
Et vous, habitants de Lyon,
Voyez cette route charmante
Qui mène au célèbre côteau,
Où de notre cité puissante
Rome mit l'éclatant berceau.
On monte ici vers cette cime
Si chère au cœur du vrai chrétien ;
Devant un spectacle sublime
Par qui la fatigue n'est rien,
Voyez tout ce qui se déroule,
Dès le début de ce chemin
Où d'une source l'eau s'écoule
En faisant un bruit argentin:
Le long de ce parcours unique
Votre main peut cueillir des fleurs ;
Un musée archéologique
Des vieux temps vous redit les mœurs.

On peut y rapprocher l'histoire
Et d'autrefois et d'aujourd'hui,
De ce superbe observatoire
Que le passant a devant lui.
Interrogez les nobles restes
De ces bassins, de ces arceaux,
Puis ces milliers d'aspects agrestes,
Ces jardins, ces parcs, ces châteaux.
Par un puissant effet d'optique,
Votre œil embrasse en un instant,
Ce grand panorama magique
Qui va de Fourvière au Mont-Blanc.
Au pied de la sainte colline
Est la lugdunaise cité,
Qu'un riant soleil illumine
Dans son immense majesté.
Mais n'oublions pas de vous dire
Qu'à l'extrémité du chemin
Un bon restaurant vous attire.
Du Médoc, du Beaune, du Rhin,
Ou tout autre crû délectable
Et de Fleurie et de Beaujeu,
Avec une excellente table,
Vous trouverez tout en ce lieu.

X.

Roanne. — Imp. Ferlay.

GUIDE HISTORIQUE

DE

LYON A FOURVIÈRES

PAR

LE PASSAGE GAY

(LYON).

A l'époque où la puissance romaine faisait de Lyon une des plus florissantes cités de la Gaule, la colline de Fourvières offrait sans doute un magnifique spectacle. Sur le plateau était le forum de Trajan, auquel a succédé la célèbre église de Notre-Dame-de-Fourvières. A l'endroit où se trouve aujourd'hui l'hospice de l'Antiquaille, s'élevait un palais grandiose, où les empereurs habitaient pendant leur séjour à Lyon ; il fut aussi la demeure des préfets du prétoire. Dans le clos des Minimes était le théâtre.

Ce n'est point se laisser égarer par l'imagination, que de se représenter cette mémorable colline couverte de somptueux édifices. Les temples élevaient des toits ou des dômes resplendissants d'or (1). Une noble architecture décorait des maisons opulentes, qui s'étageaient sur le versant de la hauteur. L'intérieur répondait à l'aspect extérieur ; les marbres, les peintures, les mosaïques concouraient à les orner, et les lambris étaient incrustés de feuilles d'or et d'ar-

---

(1) Voir tout ce que Bergier dit des temples de Rome, dont les dômes et les toits étaient dorés (p. 812, édition de 1622).

gent. L'aqueduc du *Mont Pilat* (1) arrivait à Fourvières, où ses eaux étant reçues dans des réservoirs, alimentaient les conserves et se rendaient par des conduites dans la ville entière, approvisionnant les bains et fournissant aux usages de la vie. Les jardins de la partie la plus élevée étaient rafraîchis par les eaux qui s'échappaient des tuyaux, dont les tiges premières partaient des réservoirs. Parvenues à des régions secondaires, ces eaux servaient aussi à rafraîchir les divers quartiers, et l'art les employait pour l'ornement des places et des jardins publics et privés (2).

De cette splendeur, aujoud'hui perdue, la colline de Fourvières garde dans son sein des traces encore imposantes. Dans ces derniers temps, le sol du passage Gay ayant été fouillé, a laissé voir de riches parties d'édifices romains, en même temps que les traces d'un cimetière de la période

(1) Un habile architecte de la fin du siècle dernier, M. Delorme, de Lyon, a calculé que la quantité d'eau versée chaque jour par l'un des aqueducs de Lyon, aboutissant à Fourvières, devait être telle qu'elle eût pu couvrir la place de Louis-le-Grand ou de Bellecour, à la hauteur de trois pieds trois pouces ; et qu'un égout pratiqué au bas de la montagne avait en dimension quatre pieds de largeur sur six de hauteur; qu'on juge par là de la quantité d'eau qui s'échappait des aqueducs de Lyon, lorsque toutes les vannes étaient levées (*Lettres sur l'histoire ancienne de Lyon*, par M. de Penhouet. Besançon, 1818, in-4, p. 71. On peut consulter cet ouvrage pour connaître la disposition vraiment admirable des aqueducs romains de Lyon).

(2) Certains écrivains disposés à nier la haute science des anciens, avaient dit que les romains, ne savaient point faire les jets-d'eau. Une fresque de Pompéï est venue prouver le contraire.

gallo-romaine. C'est en cet endroit que nous allons conduire nos lecteurs. Les fragments antiques autant que la beauté des points de vue nous invitent à cette promenade ; c'est à l'entrée supérieure du passage, sur le plateau de Fourvières, que nous supposons le visiteur ; nous l'accompagnerons en descendant jusqu'à l'église des Carmes-Déchaussés.

Dans la maison même du restaurant Gay est compris un grand mur romain, d'une épaisseur considérable. Il est bâti en moellons et divisé horizontalement, de distance en distance, par des bandeaux de briques, posées à plat, et disposées pour rétablir le parallélisme des assises. Ce mur faisait partie d'un édifice qui existait en cet endroit ; ses dimensions font penser que l'édifice était considérable. On prétend que c'est à partir de Gallien qu'a commencé l'usage d'employer des briques dans la maçonnerie.

Dans les anfractuosités de ce mur sont fixés quelques objets dignes d'attention : nous signalerons une tête de femme, en marbre. Quoique le nez et la moitié inférieure soient détruits, cette œuvre d'un ciseau romain frappe encore par son caractère. Elle signale la manière noble avec laquelle les anciens savaient encadrer le visage avec la chevelure, et surtout comment ils atteignaient la grandeur dans l'art, en s'attachant aux masses principales, aux grandes lignes de la figure humaine, sans se préoccuper des détails.

Là même nous observons encore une lampe antique. Un cheval y est représenté. On peut croire que c'est une lampe chrétienne, car le cheval en course est un des symboles usités par le primitif art chrétien. « Frein des jeunes coursiers indomptés, » dit une hymne à Jésus-Christ, des premiers chrétiens, que St. Clément d'Alexandrie nous a conservée.

Parmi les médailles romaines placées autour de cette lampe, on peut observer celle où est figuré l'autel de Rome et d'Auguste, situé au confluent du Rhône et de la Saône, à l'endroit où l'on voit aujourd'hui l'église d'Ainay, qui, au IV° siècle, a pris la place de l'autel impérial, afin de la sanctifier (1).

(1) Si nous rappelons, à propos d'Ainay, le souvenir de l'autel d'Auguste, c'est afin de faire quelques observations sur une opinion nouvelle, qui voudrait faire considérer comme démontré que l'autel d'Auguste n'était pas à Ainay. M. Martin-Daussigny, le savant et zélé conservateur du musée des antiques de Lyon, soutient ce sentiment avec beaucoup d'érudition et un talent remarquable. Nous n'adoptons pas son idée, tout en reconnaissant le prix des deux notices de cet archéologue sur l'amphithéâtre (*) et l'autel d'Auguste. L'auteur a bien vu tout ce qu'il décrit, et les nombreux documents qu'il donne sur la topographie de Lugdunum à l'époque romaine, rendront ces mémoires toujours précieux. Quant à la situation de l'autel d'Auguste, sans faire ici un traité, nous abriterons la tradition derrière les faits suivants, après avoir rappelé qu'il est certain que l'autel d'Auguste était situé au confluent du Rhône et de la Saône : — L'amphithéâtre n'étant pas à Ainay, dit-on, l'autel d'Auguste n'y était pas. Nous répondrons à cela que l'on ne peut conclure qu'il n'y a point eu d'amphithéâtre à Ainay, par cette raison qu'on n'en trouve pas de traces, car bien d'autres monuments aussi n'ont pas laissé de vestiges. D'ailleurs, sous les premiers empereurs, il n'y avait pas d'amphithéâtre en pierre dans les provinces ; on peut donc croire, avec Artaud, que l'amphithéâtre temporaire d'Ainay était en bois. — L'amphithéâtre, dit-on encore, étant en partie sur l'emplacement de l'ancien Jardin des Plantes, l'autel d'Auguste était nécessairement sur le côteau de Saint-Sébastien. Mais cette opinion ne se soutient pas, car il nous semble évident que ce que l'on considère comme

(*) On verra plus loin que c'est une naumachie.

A une courte distance, à gauche du passage,

un amphithéâtre, n'est autre qu'une *naumachie*, comme le désignent les plans de Lyon, depuis trois siècles. Nous n'en donnerons ici qu'une seule preuve, mais elle en vaut plusieurs: le bassin naumachique, comme l'ont constaté Artaud et M. Martin-Daussigny, était dallé avec un double rang de briques cimentées par-dessus, sans doute afin d'empêcher la filtration. Ce dallage, à lui seul, nous fait voir une naumachie là où l'on pense voir un amphithéâtre. Tous les amphithéâtres, *sans exception*, avaient leur *arène* couverte de sable, comme l'indique le nom même d'arène. Ce caractère est tellement essentiel aux amphithéâtres, qu'ils sont appelés dans toute la France du nom d'*Arènes*. Ce sable était destiné à affermir les pieds des combattants, et surtout à absorber rapidement le sang des animaux et des hommes. Héliogabale fit couvrir l'arène de paillettes d'or et d'argent, afin de cacher au public la terrible couleur du sang (**)— St. Grégoire de Tours nous dit que les martyrs de Lyon souffrirent à Ainay. Quoique cet historien ne soit pas toujours une autorité, des motifs de crédibilité engagent à le suivre sur ce point, car Lyon lui était fort connu. « Grégoire de Tours, dit le savant M. Péricaud (*Notice sur St. Nizier*, p. 10), était le petit-neveu de St. Nizier, avec lequel il dut avoir de fréquentes relations, puisqu'il vint souvent à Lyon. » Il est donc certain que St. Grégoire de Tours connaissait bien Lyon, et l'on ne peut supposer que l'emplacement de l'autel d'Auguste fût ignoré au VIe siècle. — Il y a quinze ans seulement qu'on s'est avisé d'ôter à Ainay l'autel d'Auguste. On aurait peut-être dû respecter un peu plus une

(**) Comme Narbonne, Lyon avait une naumachie et un amphithéâtre. L'amphithéâtre de pierre, construit après qu'on eut abandonné celui d'Ainay, devait être au-devant de l'église de Saint-Jean, car le P. Ménestrier dit avoir vu, dans la maison de M. d'Albon, une enceinte de portiques qui paraissaient avoir appartenu à un amphithéâtre. Ces portiques s'étendaient sans doute dans la rue Tramassac, qui est nommée dans les anciens titres *Retrò massam*, terme qui rappelle celui de *Colosseum*.

diverses choses attirent les regards. C'est surtout un fragment d'inscription en caractères *francogermains* (improprement dits *gothiques*) ; une portion de la corniche d'un bel entablement corinthien, en marbre blanc ; une *gargouille* bizarre ; une inscription remarquable de l'an 1617, qui a été publiée par M. Paul Saint-Olive, l'historien zélé et érudit des souvenirs du vieux Lyon, en partie démolis sans discernement. Voilà un morceau de mosaïque avec des ornements géométriques parfaitement tracés, etc.

Là est un cippe funéraire romain, trouvé dans le clos Gay. Sa partie supérieure est détruite, et le restant de l'inscription est très-fruste ; on lit néanmoins à la dernière ligne qu'il a été *dédié sous la hache*, *sub ascia*. Nous avons en portefeuille un mémoire sur l'histoire symbolique de la hache, où nous pensons avoir établi ce qu'il faut penser de l'*ascia* sépulcrale. Dans l'écriture hiéroglyphique de l'Assyrie, de l'Egypte et de la Chine, la hache signifie *Dieu*. Un grand nombre de peuples ont conservé, soit dans leur langue, soit dans leur symbole, l'idée d'exprimer par la *hache* le Dieu suprême, *celui qui tranche tout*, *qui décide de tout*. En turc, par exemple, *Abou* signifie *hache* et *père*. Le nom d'*ascia* est aussi un reste évident des traditions primitives, puisque, d'après le savant abbé Lebœuf, il

tradition qu'avaient suivie jusqu'alors tous les historiens. — Nous sommes persuadé que la noble église de Saint-Martin-d'Ainay a succédé au IVe siècle, à l'autel de Rome et d'Auguste, qui s'élevait sur le même emplacement. Nous ne pourrions en développer plus fortement les preuves, sans tomber dans une véritable dissertation ; mais nous avons voulu défendre un des titres de gloire d'une église qui nous est chère, et qui a pour elle la tradition de tant de siècles.

est formé de deux mots celtiques (*as* et *sci*), qui signifient *protection divine*. Dédier un tombeau sous *l'ascia*, c'est donc le mettre sous la protection divine.

Un peu plus loin, nous pénétrons dans une conduite d'eau, dont la déclivité est très-prononcée, et se dirige vers le bas de la colline. Au-dessus de cette conduite est une autre galerie, mais celle-ci appartient à une immense conserve d'eau, qui s'étend sous la maison Caille et celle de M. Gay, situées en face l'une de l'autre. Les murs en sont très-épais, bâtis principalement en gros *galets*, et revêtus d'un ciment d'une extrême dureté, comme ceux des édifices du même genre qui subsistent encore à Lyon. Le sol en est dallé avec des briques rectangulaires, posées à bain de ciment et dont les angles se pénètrent. Chacun des deux propriétaires a converti en cave la partie de cette conserve placée sous sa maison. Le reste est inconnu, démoli ou comblé.

On présume que cette conserve servait de décharge à l'aqueduc qui venait du Mont-Pilat. En 1847, la démolition d'un mur, dans la partie du chemin comprise entre la place de Fourvières et le pavillon Nicolas (aujourd'hui le pavillon Gay), mit à découvert, du côté de ce pavillon, un massif de maçonnerie romaine, ayant un mètre d'épaisseur environ. Un fragment semblable, engagé dans le mur de l'autre côté du chemin, accompagnait celui-ci. MM. A. Combe et G. Charavey [1] sont portés à croire que c'étaient les soubassements d'une voûte de l'aqueduc qui conduisait les eaux dans la conserve dont nous venons de parler.

(1) Guide de l'étranger à Lyon ; Lyon, 1847 ; p. 214.

Avançons ; voici un couloir dont les murs laissent voir encore les bandeaux peints en *minium* qui encadraient ses murs. Son *pavimentum*, d'une grande élégance, devrait être imité dans nos maisons. Il est composé de petites briques, de 6 c. de longueur sur 2 c. de largeur, disposées en *opus spicatum*. Cet appareil, quand on l'employait comme *pavimentum*, était recouvert d'un enduit.

Ce couloir conduit à une salle située dans la vigne qui s'étend au pied du pavillon Gay. Un de ses murs était plaqué d'ardoise, l'autre de marbre blanc. Le sol en était couvert d'une mosaïque tout-à-fait irrégulière, composée de fragments très-inégaux de marbre ou de porphyre, solidement liés entre eux. Les fragments de cette mosaïque sont exposés près du Pavillon.

Evidemment ce sol pourrait être l'objet de fouilles intéressantes. En continuant à descendre, nous observons des restes de murs épais; des blocs d'un ciment qui doit sa couleur rouge à la brique, qui entre dans sa composition, et qui domine à la superficie ; nous plongeons nos regards dans une salle de maison romaine, dont un angle a été déblayé. Les murs nous offrent encore les traces des bandeaux rouges dont ils étaient encadrés. Ce système décoratif nous rappelle celui que M. Dennelle applique à tant d'églises modernes.

Un peu plus bas, des débris de poteries nous marquent l'emplacement d'un cimetière gallo-romain. Un certain nombre de tombes ont été fouillées. Elles ont toutes offert un squelette, la tête appuyée sur un oreiller de pierre, auprès duquel était un petit vase en terre noire, contenant quelques monnaies impériales de cuivre. On le voit, cette terre n'a encore livré que d'humbles dépouilles.

Voici le tronc de l'orphelinat de Bethléem. Une

touchante parole de l'Evangile, qu'on lit au-dessous, invite à y déposer une offrande. On ne s'attendrait guère à voir signaler la sébille de la charité dans une causerie scientifique; mais celle-ci fait exception, car son conduit n'est autre qu'une énorme patte d'écrevisse. La chose est singulière, c'est un récit, le voici : M. G..... péchant un jour sur les bords d'une île du Rhône, près de Valence (Drôme), une gigantesque écrevisse bondit subitement dans son filet. Elle fut bientôt capturée ; mais l'étonnement fut grand d'observer une écrevisse d'une dimension inouïe pour la France. Elle ne pesait pas moins de huit kilogrammes, et ceci peut faire apprécier sa taille extraordinaire. M. Gay possède encore une des pattes de ce décapode géant ; c'est une véritable curiosité zoologique, qu'il a refusé de céder à un prix assez haut : l'autre a été appliquée au tronc de l'orphelinat de Bethléem, en pratiquant une ouverture entre les deux pinces, pour recevoir le don.

Entre des pierres moussues, on a placé un antique remarquable, qui a été trouvé à l'entrée du passage. C'est une plaque en marbre blanc, offrant deux têtes de lion d'un beau caractère. Les gueules des lions sont percées ; preuve évidente qu'elles versaient de l'eau.

Pourquoi l'Europe entière suit-elle la coutume de donner aux robinets des fontaines, tant monumentales que vulgaires, la tête du lion ? L'Orient nous l'enseigne, par la bouche d'un illustre collaborateur de la *France littéraire*: *Horapollon*, dit le chevalier de Paravey, nous apprend que le Nil se débordant pendant que le soleil parcourait la vaste constellation du Lion, les Egyptiens, *comme nous le faisons encore*, donnaient aux robinets des fontaines, aux têtes des gouttières, aux vases qui servaient à arroser, la forme de la tête ou du corps même du Lion. Voilà pourquoi, dans le célèbre zodiaque de Dendérah, immédiatement après le centaure égyptien, on voit un *Lion accroupi*, *gardant une citerne*, lieu où se remplissaient les vases ; voilà pourquoi la sphère hiéroglyphique conservée en Chine, nous montre, à la même place qu'à Dendérah, un astérisme de 32 étoiles, nommé *Ky-fou*, *le lieu des vases*. Le nom général des vases, *Ky*, est composé de cinq hiéroglyphes : *quatre carrés* contenant de l'eau, comme un vase ou une citerne, et, entre ces vases, *un quadrupède féroce* ou un *Lion*, *Kuen*, qui parait les garder et étendre sa patte sur eux (1).

Nous sommes ainsi arrivés à la fin du passage; il ne nous reste à signaler qu'un fragment de marbre blanc, qui a fait partie d'une inscription exceptionnellement belle, et dont les caractères étaient de grande dimension. On y lit encore les lettres suivantes, qui ne sont point taillées en biseau, mais ont les bords arrondis :

PRONIVSA
STVS·QFLAM

La beauté des caractères et le point triangulaire prouvent que cette inscription ne peut être plus moderne que le IIe siècle de notre ère.

Maintenant que toutes les curiosités du lieu nous sont connues, il faut remonter et visiter le pavillon Gay.

C'est de ce point que l'on jouit de l'un des plus admirables panoramas qu'il soit possible à l'homme de contempler. L'étranger aux yeux duquel cet immense tableau se déroule pour la première

(1) Voir l'ouvrage de M. de Paravey sur la *sphère et les constellations de l'antique astronomie hiéroglyphique*, p. 56 à 62.

fois, en est frappé d'étonnement. On promène ses regards sur sept des plus riches pays de France : le Lyonnais, le Dauphiné, le Bugey, la Bresse, le Beaujolais, le Forez et le Vivarais. La ville de Lyon se développe dans toute son étendue ; on peut de là juger de son admirable situation, et saisir la forme que lui donnèrent les deux courants diluviens qui ont formé le sol lyonnàis ; après avoir creusé, l'un le bassin du Rhône, l'autre le bassin de la Saône, ils s'entrecroisèrent immédiatement après la colline de la Croix-Rousse, et, déposant une partie des matières qu'ils transportaient (2), ils formèrent ainsi la *presqu'île*. La Saône étonne par la sinuosité de son lit et la lenteur de son cours ; le Rhône, que l'on voit sur une étendue de plus de vingt lieues, a un aspect des plus majestueux. Si l'œil veut plonger jusqu'à l'horizon, il découvre, au sud, le mont Pilat ; à l'ouest, les montagnes du Forez et de l'Auvergne ; au nord, le Mont-d'Or, qui domine tout le Lyonnais, formant trois mamelons, le Mont-Cindre, le Mont-Thou, la plus élevée des trois cimes, et le Mont-Verdun, entre lesquels on peut apercevoir la *Côte-d'Or* ; enfin, à l'orient, on découvre le triple rang des montagnes du Dauphiné, de la Savoie et de la Suisse. Les Alpes forment le fond du tableau. Quand les glaces qui couronnent le Mont-Blanc paraissent resplendissantes aux rayons du soleil, on a observé que c'est une indication certaine que le vent doit tourner au sud.

(1) Ces mêmes courants diluviens ont fait du sol lyonnais un véritable ossuaire, à cause des nombreux ossements fossiles qu'ils y ont déposés. Aucune ville n'a dans son terrain autant d'ossements d'éléphants que Lyon. Il est impossible d'ouvrir une tranchée un peu considérable sans en rencontrer.

Mais le touriste, avide de détails, qui emprunte le secours de l'excellente lunette de l'établissement, s'émerveille des résultats que l'on obtient avec cet instrument ingénieux. Il peut, par exemple, lire une inscription au Mont-Cindre, reconnaître une personne au parc de la *Tête-d'Or*, suivre les exercices du tir des soldats du Grand-Camp, lire l'heure à l'horloge de l'église de *Vaux-en-Velin*, etc.

La conclusion de ces notes sur une excursion qui conduit, par un chemin doux et enchanteur, à peu de distance des Terreaux, c'est que le visiteur de Lyon ne peut monter à Fourvières sans parcourir, à l'aller ou au retour, le passage Gay, que nous venons de décrire.

ADRIEN PELADAN fils.

(Extrait de la *France littéraire, artistique et scientifique*, n° du 22 août 1863).

Roanne. — Imp. Ferlay.

www.ingramcontent.com/pod-product-compliance
Lightning Source LLC
Chambersburg PA
CBHW071427060426
42450CB00009BA/2071